새벽 5시 필사
100일의 기적

새벽 5시 필사
100일의 기적

초 판 1쇄 2021년 01월 26일
초 판 3쇄 2023년 05월 10일

지은이 김도사 · 권마담
펴낸이 류종렬

펴낸곳 미다스북스
본부장 임종익
편집장 이다경
책임진행 김가영, 신은서, 박유진, 윤가희, 정보미

등록 2001년 3월 21일 제2001-000040호
주소 서울시 마포구 양화로 133 서교타워 711호
전화 02) 322-7802~3
팩스 02) 6007-1845
블로그 http://blog.naver.com/midasbooks
전자주소 midasbooks@hanmail.net
페이스북 https://www.facebook.com/midasbooks425

© 김도사 · 권마담, 미다스북스 2021, *Printed in Korea*.

ISBN 978-89-6637-884-5 03190

값 18,000원

미다스북스는 다음세대에게 필요한 지혜와 교양을 생각합니다.

새벽 5시 필사
100일의 기적

김도사 · 권마담 지음

미다스북스

목차

인생은 시간으로 이루어져 있다.
당신이 일용할 양식을 구하기 위해 자유를 파는 사이
인생에서 가장 소중한 것들은 사라져가고 있다.

- 김도사의 『100억 부자 생각의 비밀 필사노트』 중에서 -

생각보다 긴 인생을 고통스럽게 살지 않기 위해서는
내일을 위한 준비를 잘해야 한다.
준비 없는 미래는 재앙이다.

- 김도사 · 권마담의『김대리는 어떻게 1개월 만에 작가가 됐을까』중에서 -

눈부신 미래를 창조하고 싶다면
가장 먼저 미친 꿈을 가져라.

- 권마담의 『미친 꿈에 도전하라』 중에서 -

지금 당장 '나'에 대한
생각과 느낌을 바꾸기 시작하라.
당신을 중심으로
주위 환경이 달라지기 시작한다.

- 김도사의 『기적수업』 중에서 -

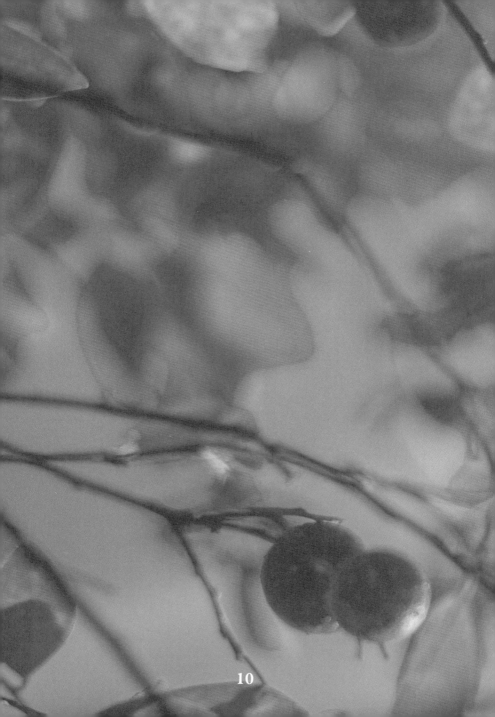

사명선언문

나 [   ]은(는) 다음과 같이 나의 사명을 다한다.

그 아픈 과거가 지금의 강한 나를 만들었다.
남을 배려할 줄 아는 포용력이 넓은 사람이 되었다.
가난이 축복이었다. 술이 축제였다.
이것은 용서할 문제가 아니라 감사할 일이다.
나의 과거에 감사하며 더 단단한 나로
지금의 역할을 할 수 있게 해준
아버지가 지금은 참 고맙다.

"고맙습니다."

나는 같은 시간에 같은 공간에서 글을 쓰며

세상과 소통한다.

내가 듣고 싶은 말을 듣고 싶어 기다리는 사람이 아니다.

내가 하고 싶은 말을 할 수 있는 사람이 되었다.

내가 하고 싶은 말을 글로 하고 나니

나의 인생의 주인공이 되었다.

더 이상 누구의 엄마, 남이 시키는 일을 하는 사람이 아니다.

내가 하고 싶은 일을 하는 내가 되었다.

내가 하고 싶어서 하는 일이라 마음은 언제나 여유롭다.

쓸수록 더 풍요로워진다.

오로지 나를 위한 시간을 보내면서 더 성장하고 발전한다.

아직도 무한한 가능성이 있다.

이런 성장을 함으로써

행복하고 떳떳한 작가 아우라를 발산한다.

더 이상 201호 엄마가 아니라 작가 선생님이다.

아이 학교에 갈 때도

나는 누구의 어머니가 아닌 작가 선생님이다.

집에서 육아하고 있어도 주부가 아니라 작가 선생님이다.

책 쓰기의 힘은 위대하다.

무엇보다 여자인 나를 가치 있게 해준다.

책쓰기를 하면서 나의 스토리를 만들기 위해

과거를 찬찬히 둘러보았다.

없는 것이 아니라 몰랐던 것이었다.

차츰 더듬어보니

인생의 한 장면씩 떠오르며 절로 웃음이 났다.

때론 울기도 했다.

가난한 줄 모르고 자란 나의 모습을 만나기도 했다.

나를 객관적으로 돌아보는 시간이 되니

나 자신에게 큰 위로가 되었다.

진정한 나와 마주하는 유일한 시간이었다.

그런 일기 같은 나의 스토리가 모여 책이 된 것이다.

그냥 열심히 사는 것이,

아무런 목표 없이 사는 것이 능사는 아니다.

그럴싸한 결과도 필요하다.

그런 결과로 당당하게

사람들의 인생에 영향력을 끼칠 수 있다.

어떤 삶이었든 당신은 자신만의 방식으로 열심히 살아왔다.

친구들에게 하는 조언, 후배들에게 하는 조언 등

우리는 수시로 관계에서 조언을 한다.

그것에 가치를 매겨 이제는 책 속에 담아라.

어디에서 기회가 생길지 모른다.
저서로 인해 강연, 칼럼 요청, 사업 제의 등의
기회를 만나게 된다.
운명을 바꾸는 기회는 이렇게 찾아온다.
우연을 춤추게 하라.
인생을 지배하는 삶은 이렇게 사는 삶이다.

책 쓰기는 세상에 지식과 경험을 나누는 고귀한 일이며
나아가 역사를 남기는 위대한 일이다.
자녀를 위하여, 후손을 위하여,
세상을 위하여 자신만의 스토리를 멋지게 남기는
지혜로운 사람이 되자.

누군가 했다고 하면 나도 할 수 있다는 용기가 생긴다.
목표가 되어 행동력을 높여준다.
경험자의 조언을 받으면
'할 수 없는 일'이 '할 수 있는 일'이 된다.
꿈은 그렇게 이루어지는 것이다.
젊은 나이에 가족과 함께 평생의 꿈을 이루었다.

부자들의 사고방식, 비법은 하나로 통일된다.

무엇보다 빠른 행동력이다.

많은 생각보다는 빠른 행동을 한다.

빨리 실패해서 원인을 찾는다.

젊은 나이일수록 유리하다.

열정과 패기로 다시 일어나면 된다.

성장의 나이테가 생긴다.

나이가 들수록 도전정신과 용기를 내기가 힘들어진다.

짊어져야 할 책임감과 짐들이 많아지기 때문이다.

지금이 가장 젊을 때이다.

늦었다고 생각했을 때가 가장 빠르다.

늦었다고 했을 때 시작을 하면

1등이 아니더라도 실패한 인생은 아니다.

DAY
010

당신이 아직 성공하지 못했거나 부자가 아니라면
당신의 생각을 쓰레기라 여겨라.
나보다 성공한 사람, 그것도 최고의 위치에 있는 사람에게
부의 공식을 배워라.
그리고 무조건 시키는 대로 해라.
당신은 최고 위치의 사람이 이루어놓은 기간보다
더 빨리 이룰 수 있는 시간을 번다.
귀한 경험과 지혜를 얻는다면 그만큼 시간을 버는 것이다.

우리가 상상하는 모든 것들은 실현된다.
우리가 상상할 수 있는 것들은 현실로 만들 수 있다.
- 김도사의 『100억 부자 생각의 비밀 필사노트』 중에서 -

사람은 누구나
자신이 원하는
인생을 살 수 있다.

김도사·권마담의 『김대리는 어떻게 1개월 만에 작가가 됐을까』 중에서

지금이 가장 젊은 순간이다.
부자가 되겠다고 결심하고
부의 비밀을 아는 특별한 젊은 부자가 되어라.
여러분도 누군가의 롤 모델이 될 수 있다.
목표에서 한눈팔지 않는다면
반드시 최고보다 더 성공하고 더 큰 부를 이룰 것이다.
거인의 어깨에 올라 최고보다 더 빠르게 말이다.
부자들은 무엇을 상상하든
그 이상의 노력으로 만들어진 사람들임을 잊지 말자.

서로 잘할 수 있는 부분,
서로 해야 하는 부분이 명확해지면
그때부터 부부는 가장 든든한 사업 동반자가 된다.
좋은 일도 같이 나누지만,
힘든 일도 같이 나눈다.
그러면서 군대에서 전우애가 생기듯
부부 사이도 전우애로 단단하게 다져진다.

생각보다 실행이 앞서다 보면
간혹 실패라고 여기는 시련이 찾아오기도 한다.
하지만 더 나아지기 위한 과정이라고 생각하면 된다.
과정이 없는 결과는 없기 때문이다.
오히려 시련이 지나면 더 능숙해지고,
결국 결과를 만들어낸다.

결과를 만드는 과정에서는
절대 투정 부리지 마라.
과정은 누구나 힘들기 마련이다.

같은 목표를 향해 노력하면 실패해도 좋다.

실패를 통해 굳건하고 단단해진다.

우리는 가치관이 맞고 함께 갈 목표가 있기 때문이다.

그만큼 인생의 목표는 너무 중요하다.

혼자 세우고 달성을 위해 노력하던 목표를

둘이 함께 이뤄가면 함께 성장할 수 있다.

성장만큼 행복한 일은 없다. 절대 멈추지 말자.

멈춘다는 것은

뒤로 후퇴한다는 것과 같은 말이기 때문이다.

내가 소비자가 아닌 생산자가 됨으로써

나의 인생이 180도 바뀌었다.

우리 모두 학교에서 가르쳐주지 않는 것을 공부해야 한다.

성공을 위한 공부가 아니라면

결국 나를 조금 더 나은 사람으로 만들 뿐이다.

조금 더 나은 사람은 아무런 존재감이 없다.

그냥 비슷한 종류의 사람이 된다.

당신도 나처럼

의식 수준을 높이겠다고 결심하라.

나는 언제나 'HOW(어떻게)'라는 질문을 했고

그 질문의 답을 성공자에게서 찾으려 노력했다.

혼자만의 시간이 중요하다.

혼자 있어야 타인의 말과 생각에서 자유로워진다.

내가 원하는 것에 집중하게 된다.

처음엔 어색할지라도 그 시간이 쌓여서 내면이 충만해진다.

비로소 삶의 여유와 활력을 만날 수 있다.

꿈이 없는 친구와는 결별하라.
출발점이 다르면 끝도 다르다.
그들은 당신의 인생을 책임져주지 않는다.
오히려 당신의 에너지와 시간을 빼앗아갈 뿐이다.

당신의 인생을 꿈이 없는 친구들에게 담보 잡히는
어리석은 사람이 되지 말라.
풍요롭게 부유한 에너지에 집중하라.
그런 친구들이 모인 곳으로 이동하기 바란다.
당신의 주변 평균 5명이 높아지면,
당신도 자연스레 높아진다.
당신은 부유하고 행복해질 신의 선물이다.
아름답게 포장된 당신을 아름다운 곳에 두길 바란다.
당신이 원하고 신이 원하는 인생이다.

부를 이룬 성공자들은
명상하거나 혼자만의 시간을 가지라고 말한다.
모든 답은 내 안에 있다.
친구들에게 있지 않다.
내면의 언어를 들을 줄 알면
당신은 가장 충만하고 행복한 사람이 된다.

스무 번째 새벽이 지나고 가슴에 남은 이야기

더 나은 삶을 살고 성공하고자 한다면
희망을 이야기하는 사람들과 함께하라.

- 김도사의 『기적수업』 중에서 -

필사했던 글귀 중에 기억에 남은 것을 다시 한 번 필사해봅시다.
그리고 지난 열흘 변화한 나 자신을 되돌아봅시다.

진창길 같은
힘든 현실을 걷더라도
눈부신 밤하늘을
바라보아야 한다.

김도사의 『인생을 바꾸는 자기혁명』 중에서

사람은 누구나 변화할 수 있다.

나의 기준을 과거가 아닌 미래에 두면 희망적이다.

미래의 나는 가능성과 희망이 있기 때문이다.

지금부터 자신이 원하는 계획을 세워라.

자신이 보고자 하는 미래를 그려라.

과거는 바꿀 수 없지만 미래는 바꿀 수 있다.

성공자를 만나고, 그들에게 배워라.
그들은 하나같이
'당신은 할 수 있다. 지금 당장 저질러라. 크게 생각하라.'
등의 말로 나를 이끌어준다.
된다는 사고방식을 가진 사람들은 되는 방법만 생각한다.
그러한 생각에 믿음이 더해지면, 현실이 된다.

당신도 매일 아침 나처럼 스타벅스로 출근하라.

당신도 매일 저녁 사랑하는 배우자와 산책을 하라.

당신도 매일 아이들과 풍요로운 대화를 나누어라.

당신도 1년에 4번씩 크루즈 여행을 가라.

당신도 부모님께 1,000만 원씩 용돈을 드려라.

모든 선택의 결정은 미래의 나에서 출발하라.

끝에서 시작하라.

미래의 나는 언제나 풍요롭고 여유롭다.

'그런 나라면 어떤 선택을 할까?'라는 생각에서 출발하니

인생의 중요도가 정리되었다.

한 번 사는 인생 후회 없이 살기로 했다.
많은 사람들이 죽기 전에 가장 후회하는 것이
'가슴이 시키는 삶을 살았어야 하는데.'라고 한다.
그들이 끝내는 시점에서 나는 다시 시작한다.
당신도 나처럼 끝에서 시작하라.

각오를 하면 상처 받지 않는다.
오히려 기회가 되고 운을 버는 사람이 된다.
기회가 기회를 몰고 온다.
세상은 딱 사람이 용기를 내는 만큼 기회를 준다.
환경은 내가 만드는 것이다.

이미 단단한 각오를 한 사람들은 절대 상처받지 않는다.

지금 위치에서 최선을 다하면 다른 길을 만나게 된다.

운이 좋은 환경은

어떻게 해석하고 바라보는가에 따라 달라진다.

누군가에게는 위기가 되지만 누군가에게는 기회가 된다.

73

가슴이 시키는 대로 사는 삶이 나를 더 강하게 만들었다.
운이 좋은 환경이 주어졌다.
위기가 기회가 되었고 삶에 가장 큰 가르침이 되었다.
인생의 목적이 뚜렷해진 지금은 알 수 있다.
가슴이 시키는 대로 사는 것이 정답이라는 것을 말이다.

꿈 너머의 꿈을 꾸며 성공을 위한 도구로서
내가 단단하게 단련됨을 느낄 수 있었다.
나에게 주어진 모든 환경이
나의 성공도구가 되고, 경험이 된다.
실패하더라도 내가 실패로 여기지 않는 한,
그것은 더 이상 실패가 아니다.
운이 좋은 환경이 주어진 것이다.
이런 실력들이 쌓이고 쌓여서 내가 만들어진다.

다양한 도전으로 나는 크게 바뀌었으며,
뿌리 깊은 나무가 되었다.
경험한 만큼 쉽게 흔들리지 않는다.
그래서 나는 다른 이들에게도 일단 해보라고 조언한다.
아직 보이지 않는 목표라도 멈추지만 않는다면
반드시 어디든 도착해 있을 것이다.
일단 해보면서 목적이 완성되는 삶 또한 의미가 있다.
그리고 누군가의 이정표가 되는 삶이야말로
세상에 선한 영향력을 미치는 것이다.

서른 번째 새벽이 지나고 가슴에 남은 이야기

원하는 것이 있다면
이미 원하는 모습이 되었다는 것을 사실로 받아들여라.
그 사실을 생생하게 받아들인다면
상상은 단단한 실체가 되어 현실로 나타나게 된다.

- 김도사의 『기적수업』 중에서-

필사했던 글귀 중에 기억에 남은 것을 다시 한 번 필사해봅시다.
그리고 지난 열흘 변화한 나 자신을 되돌아봅시다.

당신의 삶은 충분히
더 아름다워지고
풍요로워질 수 있다.
꼭 그렇게 된다는 것을 믿어라.
믿는 자에게 능치 못할 일이 없으니.

김도사 · 권마담의 『김대리는 어떻게 1개월 만에 작가가 됐을까』 중에서

자신의 배움과 능력을 한정하지 마라.
지금의 월급으로 당신을 단정짓는다면
평생 변하지 않는 그저 그런 삶을 살게 된다.
돈보다 시간을 아껴야 한다.
그리고 더 크게 성공하고 더 크게 벌면 된다.
누군가 했다면, 당신도 할 수 있다.

자신에게 크게 투자하라. 돈보다 시간을 벌어라.

그리고 100배로 갚아라.

자신에 대한 믿음만 있으면 분명 달라질 수 있다.

당신은 당신의 능력을 믿어야 한다.

그 믿음으로 큰돈을 레버리지를 이용해서라도 투자하라.

그러면 크게 얻을 수 있다.

돈은 목적이 아닌 성공을 위한 수단이다.

상황에 나를 맞추어서는 안 된다.
상황에 나를 맞추다 보면 그 상황에 끌려가서
결국 후회하는 선택을 하게 된다.

89

끊임없이 열정을 쏟아 붓는다면 꿈은 반드시 이루어진다.
꿈이 커질수록 꿈이 큰 사람들의 꿈맥이 생길 것이다.
그리고 당신은 더 커질 것이다.
그 크기에 맞는 인생을 살아야 행복하다.
그게 당신이 바라던 삶이다.

나의 삶을 바꾸는 길은 지금에 충실한 것이었다.
삶이나 환경은 나로 인해서
언젠가는 바뀔 것이기 때문이다.
그런 믿음만 있다면 위험한 상황도 당연한 상황이 된다.

계속해서 막연했던 꿈들이 떠오르고
인생이 설레기 시작했다.
정확한 방법도 모르겠고, 어떻게 해야 할지도 몰랐다.
하지만 믿음과 확신이 생겼다.
꿈이 생기니 행동력이 생겼다.
고통 속에서 변화를 꿈꾸게 되었다.

인생의 기회는 무거운 짐처럼 다가온다.
그래서 대부분의 사람은 기회를 잃고 만다.
기회를 짐처럼 느끼지 않으려면
평소 다가오는 도전에 망설이면 안 된다.
그리고 인생을 즐겨야 한다.
그렇게 되면 모든 것이 기회가 된다.

현재의 환경에는 과거의 습관과 마인드가 스며들어 있다.

새롭게 시작하기 힘들다.

새로울수록 두려움이 엄습해온다.

기회 또한 위기로 보인다.

지금 내가 힘들고 어려운 환경이라면

새로운 환경에서 새로운 세팅으로 시작하는 것도

좋은 경험이 된다.

인생은 절대 계획대로 흘러가지 않는다.
기회를 잡는 것은 어떤 환경이 아니라,
나의 생각과 마인드로 결정된다.
우선 주어지는 모든 일을 기회로 받아들이고 도전해보자.
인생의 우선순위를 잘 정하면 된다.

세상은 멀티 플레이어를 원한다.
한 가지만 잘해도 되는 세상은 구시대이다.
새로운 미래는 다양하게 잘하는 인재를 원한다.
그런 사람은 기회를 기회로 받아들일 확률이 높다.
준비된 사람이 되는 것이다.

마흔 번째 새벽이 지나고 가슴에 남은 이야기

"운명은 정해져 있다."라고
말하는 사람들의 공통점은
패배주의에 빠진 사람들이라는 것이다.
절대 그렇지 않다.
사람은 자신의 믿음대로 살아가게 된다.

– 김도사의 『기적수업』 중에서 –

당신의 인생은
지금부터 시작이다.
주체가 되어 선택하고 결정하라.

권마담의 『미친 꿈에 도전하라』 중에서

더 나아지는 환경, 더 괜찮은 방법은 없다.

그냥 지금 내가 하고 싶으면 하는 것이다.

그 순간 온 우주가 나를 중심으로 움직인다.

당신이 변하지 않으면 삶도 변하지 않는다.

당신의 세계를 바꿔라.

과거에 조연으로 살았다면 현재는 주연으로 살아보자.

그것이 당신이 이 아름다운 지구별에 온 이유니까.

기회는 갑자기 오는 것이다.
갑자기 오는 기회를 내 것으로 만들어
운명의 시계를 바꾸어야 한다.
그냥 가슴이 시키는 대로, 느끼는 대로 시작하라.
남의 인생이 아닌 나의 인생을 살 때만
결과를 떠나 후회 없는 인생을 살 수 있다.

내가 선택한 결과는 나의 몫이다.

실패도 교훈이 되고 성공도 보장된다.

성공의 기준은 내가 정하면 된다.

하지 않는 것이 실패이지, 도전하는 것은 성공한 삶이다.

당신만의 성공 기준을 가지고 도전하라.

당신의 미래는 당신의 것이다.

행동력은 성공자에게는 필수 정신이다.

그들이 일군 삶은 누구나 따라 할 수 있는 삶은 아니지만,

그 정신은 배울 수 있다.

배우다 보면 행동이 앞서게 되고,

비슷한 사고방식을 가지게 된다.

그런 마음으로 하루를 살다 보면

세상의 중심에서 움직이는 나를 만날 수 있다.

그런 인생이야말로 내가 살고 싶은 후회 없는 삶이다.

죽기 전에 미친 듯이 자신의 감정에 충실하고 행동하고
결과를 내는 '또라이'가 되어보길 바란다.
아주 특별한 경험을 하게 될 것이다.

의식이 지금의 현실을 만든다.

지금 당장 의식 수준을 높여라.

의식 수준이 높아지는 것만으로 만나는 사람이 달라진다.

보는 세상이 달라진다.

성공자들은 성공자의 수준의 의식세계가 있다.

그 의식세계를 배우면

당신도 아주 쉽게 성공자가 될 수 있다.

학교에서 가르쳐주지 않는
부와 성공의 기술을 배워야 한다.
직장인이 되기 위한 기술을 배우는 학교는
더 이상 당신의 성공을 보장하지 않는다.
의식 수준을 높여서 내 안의 거인을 깨워야 한다.
마인드 변화를 통해 삶에서 더 큰 성취를 이루어내라.

부와 성공의 기술을 공부함으로써
우리는 세상을 다른 시각으로 본다.
과거의 선입견, 고정관념을 타파한다.
나다움의 기술을 배우고 연습한다.
쓰러질지라도 다시 일어설 수 있는 환경을 만든다.
그래서 절대 쓰러지지 않는다.
다시 꿈을 꾸고, 다시 크게 생각한다.
'다시' 할 수 있는 힘이면
당신이 생각하는 미래는 곧 현실이 된다.

언제나 뒤는 돌아보지 말고 '다시'를 외치며
하루하루 나아가라.
의식 수준이 현재를 결정한다.
당신이 바꾸지 못한 인생 10년을 1년 안에 바꿀 수 있다.
모든 것은 당신의 의식이 결정한다.
이제껏 인생이 크게 달라지지 않았다면 도전하라.
그리고 행동하라.

이제 나는 간절히 원하면
온 우주가 나를 중심으로 움직인다는 것을 믿는다.
이런 울림과 다짐들이 지금의 나를 행복하게 만들고
성장하고 노력하게 만든다.
그 정신이 너무 좋다.
매일 듣고 말하고 의식을 깨우는 것에 모든 것을 걸어라.

미래를 바꾸는 간단한 공식은
생각을 바꾸는 것이다.
원하지 않는 것에서 시선을 거두고
원하는 것에만 집중하는 것이다.

- 김도사의 『기적수업』 중에서 -

필사했던 글귀 중에 기억에 남은 것을 다시 한 번 필사해봅시다.
그리고 지난 열흘 변화한 나 자신을 되돌아봅시다.

지금 자신이 달리는 길이 고달프다면
다른 길을 택해야 한다.

김도사의 『150억 부자의 부의 추월차선』 중에서

이제는 자신을 위한 인생에 부지런할 때이다.
자신만의 지식과 경험을 무기로 하고,
그 무기로 전쟁터에 나가야 한다.
강력한 무기만 있다면 당신도 기하급수적으로 돈을 벌고,
풍요로운 인생의 티켓을 가질 수 있다.
강력한 무기를 갖기 위해
자신을 위한 투자를 먼저 해야 한다.

가난한 사람에게 필요한 것은 자선이 아니다.
강력한 자극이다.
당신에게 자극을 주고
그 자극으로 당신의 삶이 변하길 원한다.
다른 삶을 원한다면 지금부터 다른 선택을 하면 된다.

당신의 삶도 나의 삶도 소중한 선물이다.
그러므로 당신이 꿈꾸어왔던 삶을 살기를 바란다.
그것이 모두가 행복해지는
가장 빠른 추월차선임을 잊지 말자.

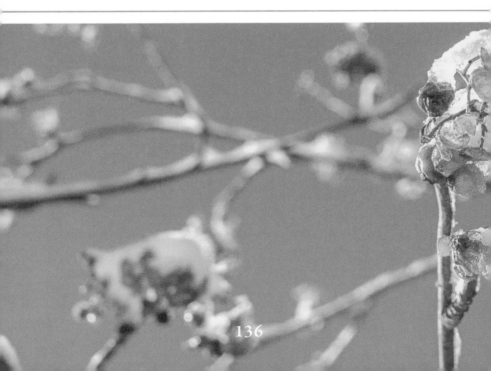

누구나 평범함을 넘어 특별한 삶을 살 권리가 있다.

당신도 특별한 존재이다.

자신만 그것을 잊지 않으면 된다.

계획된 삶으로 오늘 하루도

가장 나답게 뜨거운 하루를 보내길 바란다.

자신을 위한 커피 한잔의 여유도 없다면,
평생 자신을 위한 인생을 살지 못한다.
매일 바쁘게 다람쥐 쳇바퀴 돌듯 살려고
당신이 태어난 것은 아니다.
누구나 화려한 꽃처럼 예쁘고 멋있게 살 의무가 있다.

서로를 응원해주고 믿어주는 것만큼 큰 사랑은 없다.
온전한 믿음만 있다면 누구나 크게 성공할 수 있다.
당신도 사랑받을 자격이 있다.

생각보다는 행동을 해야 한다.
남의 이야기를 듣고 판단할 것이 아니라,
자신이 직접 경험해보고
자신의 판단으로 인생을 살아야 한다.
한 번뿐인 인생을 주도적으로 산다면,
분명 지금보다는 나아질 것이다.
그리고 더 크게 발전할 것이다.

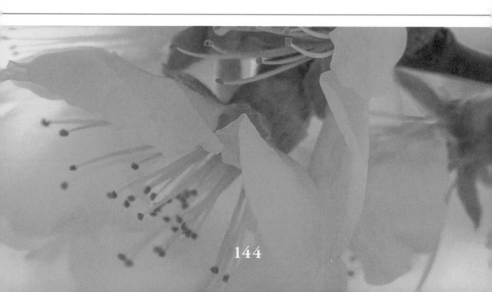

어떤 장소에서 어떤 행동을 하든,
자신만의 공간을 찾아
오늘도 자신의 생각으로 하루를 살아보자.
더없이 멋있는 나를 마주하게 될 것이다.
그것이 곧 당신의 미래가 되며, 누군가의 롤 모델이 된다.

당신이 지금 세우는 계획은 이제 한 단계의 계단일 뿐이다.
그래서 우리는 시간이 부족하다.
풍요를 한번 경험한 사람은 계속 풍요를 끌어당긴다.
좋은 것들이 눈에 보이고 돈 벌 것들이 눈에 보이는데
놓치는 바보는 없다.
그래서 부자는 더 부자가 되는 법이다.

시간을 아끼고
결과를 빨리 만드는 것에 집중하고 몰입하라.
어차피 성공할 것이라면 빨리하면 더 좋은 법이니까.
끌어당김의 법칙대로
당신이 원하는 미래를 끌어당겨야 한다.
끝에서 생각하고 끝에서 시작하라.

예순 번째 새벽이 지나고 가슴에 남은 이야기

성공은 마치 그것이 이미 이루어진 것처럼 사는
사람들에게 주어지는 선물 같은 것이다.

– 김도사의 『자본 없이 콘텐츠로 150억 번 1인 창업 고수의 성공 비법』 중에서 –

꿈은 반드시
실현된다고 믿어야 한다.
그래야 그 꿈을 향해
최선의 노력을 쏟을 수 있게 된다.

김도사의 『인생을 바꾸는 자기혁명』 중에서

남이 맞추어 놓은 인생이 아닌
내가 세운 기준으로 살아보자.
내 인생의 정답은 나만이 알고 있다.
당신의 가슴 속에 있는 GPS를 믿어라.
반드시 당신답게 성공할 것이다.

세상엔 정답은 없다.
내가 소명을 완수할 때 그것이 비로소 성공이다.
바로 그때 삶의 풍요와 충만함이 눈처럼 쏟아지는 법이다.

돈도 에너지이다.

에너지는 같은 에너지끼리 끌어당긴다.

돈을 사랑해야 돈이 나에게 붙는다.

돈이 많은 사람은 돈을 쓸 때 마음이 풍요롭다.

그 감정은 또 다른 풍요를 끌어온다.

당신이 돈을 쓸 때 소비에 집중하면

궁핍하다는 감정을 끌어당기게 된다.

없는 것보다 있는 것에 집중하는 삶이
현실을 바꾸어놓는다.
내가 행복해진다.
내가 행복하면 주변이 행복해진다.
행복은 생각보다 가까이에 있다는 것을 알게 된다.
단지 나의 생각과 에너지가 바뀌었을 뿐인데 말이다.

나는 운이 좋은 사람으로 불리고 있다.

운이 좋다는 것은 늘 좋은 일을 마주한다는 것이다.

무의식이든 의식이든 그런 사람들은 굉장히 긍정적이다.

낙천적이다. 또한 사랑이 많다.

계속해서 운이 좋은 이유이다.

사람은 대부분 자신을 과소평가하는 경향이 있다.

이제부턴 자신을 과대평가하라.

자신을 최대치로 끌어올릴 수 있다.

자신의 장점을 써보자.

단점이 아닌 장점에 집중하라.

장점이 당신만이 가진 무기이다.

당신만의 색깔을 낼 수 있다.

당신이 무엇을 잘하는지 좋아하는지에 집중하라.

모든 사람이 변화를 원하지만
변화를 선택하는 사람은 적다.
공부를 통해서 확신을 가지고 믿음을 만들면 된다.
그리고 행동하면 된다.
한 번의 변화가 아닌 지속적인 변화로
당신은 당신이 생각한 이상의 사람이 될 수 있다.

그 어떤 나무도 뿌리 없이 자라지 못한다.
포도나무에 포도가 주렁주렁 열릴 수 있는 것은
뿌리가 있기 때문이다.
우리에게 뿌리는 하나님이다.
하나님을 알고, 하나님을 느끼고,
하나님을 생각하는 사람은
온 우주가 도와주는 그리스도의 삶,
복된 삶을 살아가게 된다.

하나님과 함께한다는 진리를 깨달은 사람이 가는
모든 곳이 신성하고 거룩한 곳이 된다.
종교를 초월하게 된다.
스스로를 구원한 그리스도가 될 수 있다.
자기 자신을 구원하지 못한 사람은
결코 다른 사람을 구원할 수 없다.

172

173

부자가 되고 싶다면 먼저 행복한 사람이 되어야 한다.
내면이 풍요로 가득 차지 않은 사람은
절대 부자가 될 수 없다.

인생에서 가장 큰 선물은

자기 자신에게 기회를 주는 것이다.

스스로를 믿고 신념에 따라 행동해야 한다.

- 김도사의 『기적수업』 중에서 -

지금 당신의 내면에는
당신이 생각했던 것보다 더 거대한
잠재력이라는 거인이 잠들어 있다.
성공하는 인생을 살고자 한다면
먼저 그 거인을 깨워야 한다.

김도사의 『인생을 바꾸는 자기혁명』 중에서

내면세계가 밝고 아름다운 사람은
생각과 말뿐 아니라 행동까지 아름답고 밝다.
강한 기운마저 느껴진다.
이런 사람 주위에는 도움을 주려는 사람들로 가득하다.
자연히 하는 일이 잘될 수밖에 없다.

내가 한 말의 파동은 우주 끝까지 갔다가
다시 내게로 돌아온다.
결국 내가 내뱉은 말의 영향을 내가 받게 되는 것이다.

생각은 우주에 보내는 주문이다.
내가 하는 생각은
곧장 우주라는 주방에 보내는 주문서와 같다.
생각은 좋은 것이든, 나쁜 것이든 그대로 창조한다.
그러니 이왕이면
좋은 것, 원하는 것을 생각하는 것이 좋지 않을까?

절대 세상의 기준과 편견으로
자신의 한계를 정해선 안 된다.
하나님의 방식에는 한계란 없다. 무궁무진하다.
우리가 가진 능력 역시 끝이 없다.
우리에게 한계가 없다는 것을 인식하고 믿을 때
하나님께 부여받은 전지전능한 능력이 나타나게 된다.

의식이 높아지면

보이지 않아도 보게 되고 들리지 않아도 듣게 된다.

의식을 높여 비의적인 뜻을 이해하면

예수께서 제자들에게 질책하며 말했던

'보아도 보지 못하며 들어도 듣지 못하며

깨닫지 못하는 어리석은 사람'이 되지 않는다.

비록 현실은 가난할지라도
내면세계가 부유함으로 가득 차 있다면
얼마 안 가 현실이 달라진다.
경제적 안정이 찾아 오고 부자가 된다.
지금 눈에 보이는 외부 현실은
내면세계가 투영되어 나타난 것이다.

그들은 내 안에 깃들어 있는 신성과
꿈을 향한 용광로보다 더 뜨거운 열정을 보지 못했다.
나는 살면서 숱한 시련과 역경을 거치면서
나 자신이 성경에서 예수께서 말씀하신
빛과 소금이라는 것을 깨달았다.

많은 사람들이 힘들게 살아가는 이유는
간절함 없이 막연하게 찾고 문을 두드리기 때문이다.
부와 성공을 바라는 사람들이 가장 먼저 해야 할 것이 있다.
부와 성공을 바라기 전에
솔로몬처럼 하나님께 지혜를 간구해야 한다.
지혜를 얻게 되면 부와 성공은 저절로 따라온다.

인생은 시간이다.

인생은 시간으로 이루어져 있다는 말이다.

시간을 잃으면 끝이다.

시간을 가치 있게 사용해야 한다.

DAY
080

삶이란, 나의 생각과 감정, 느낌이 쌓여서 만들어진 것이다.

그래서 쉽사리 바뀌지 않는다.

삶을 바꾸고자 한다면 모든 것을 바꿔야 한다.

그동안 가졌던 생각과 감정, 느낌을 통째로 버려야 한다.

그리고 행복한 사람이 되었을 때 하게 될

생각과 감정과 느낌을 가져야 한다.

여든 번째 새벽이 지나고 가슴에 남은 이야기

나에게 주어진 유일한 과업은
위대한 생각의 힘으로
꿈꾸었던 인생을 사는 것이다.

- 김도사의 『기적수업』 중에서 -

현실이 마음에 들지 않는다면
지금부터는 자신이 원하는 것들만
생각하고 말해야 한다.

김도사의 『자본 없이 콘텐츠로 150억 번 1인 창업 고수의 성공 비법』 중에서

우리가 상상하는 모든 것은 실현 가능하다.
그렇기 때문에 우리가 상상할 수 있는 것이다.

무엇을 원하는지 정확하게 알아야 한다.
두루뭉술하게 원하면
우주는 원하지 않는 것으로 간주한다.
성공자들은 자신의 꿈과 목표를 분명하게 한다.
그리고 그것을 성취한다.

우리의 말과 생각에는 에너지가 있다.
자신이 자주 생각하고 말하는 대로 살아가게 된다.
특히 소망을 소리 내어 말하고
상상을 하게 되면 강력한 에너지가 생겨난다.
이 에너지는 우주를 움직이는 동력이 된다.

소망을 자주 반복해서 읽어보라.
자주 읽는다면 잠재의식에 아로새겨지게 된다.
잠재의식에 새겨진 소망은 100% 이루어지게 된다.
이를 막을 수 있는 것은 아무것도 없다.

소망을 이루고 싶다면 스스로를 속이면 안 된다.
겉과 속이 다른 사람이 되지 말라는 말이다.

의식이 전부이다.
의식이 모든 것을 결정한다.
우리가 상상하는 모든 것을 창조할 수 있는 이유는
의식을 가진 존재이기 때문이다.

정신이라는 기계를 돌리는 힘은 욕망에서 나온다.
욕망을 가지고 그것을 성취해가는 사람이 되어야 한다.
우리는 욕망을 현실로 이루는 과정에서
부와 행복, 지혜와 깨달음을 얻게 된다.

세상에 차고 넘치는 것이 돈이다.
돈이 당신을 거쳐가게 하라.

절약은 가난한 인생을 준비하는 과정이다.
부유한 인생을 원한다면
절약하는 습관을 가지기보다 더 버는 습관을 가져야 한다.
300만 원의 월급을 받는 직장인이
절약해봤자 얼마를 절약할 수 있을까?

깨닫지 못한 자는 외부에서 찾으려 애쓴다.
외부는 내면세계가 투영되어 나타난 것임을
알지 못하기 때문이다.
외부에서 찾을수록 진리와 멀어진다.

크기를 떠나 성공은
해낼 수 있다고 '착각'하는 데서 실현된다.

– 권마담의 『나는 워킹홀리데이로 인생의 모든 것을 배웠다』 중에서 –

필사했던 글귀 중에 기억에 남은 것을 다시 한 번 필사해봅시다.
그리고 지난 열흘 변화한 나 자신을 되돌아봅시다.

보이지 않는 것들을
보이는 것처럼 믿어라.
보이지 않는 세계에서
현재 보이는 세계가
창조되었다는 것을 기억해야 한다.

김도사의 『기적수업』 중에서

부자를 욕하는 어리석은 사람이 되지 말라.
자신의 미래를 욕하는 자가 된다.
부자에 대해 부정적인 생각을 하고 말을 하는 사람은
스스로 부를 밀어내고 있음을 알아차려야 한다.
알아차리지 못하면 스스로 부를 거부하면서도
왜 나는 가난하게 사는지를 반문하는
불행한 인생을 살게 된다.

하나님은 모든 사람에게 공평하게
부와 지혜, 권능을 심어주셨다.
그것을 깨닫는 일이 가장 중요하다.
지혜로운 자는 이것을 깨달은 자이다.
깨달은 자는 자신의 내면에서 답을 구한다.
모든 금은보화는
내면이라는 보물창고에 있다는 사실을 알아야 한다.

231

우주는 당신의 말보다 느낌과 감정을 듣는다.
느낌과 감정이 배제된 소망을
하루 수백 번씩 말하더라도 실현되지 않는다.
형식적인 말에는 에너지가 담기지 않는다.
느낌과 감정이 담기지 않은 말은
진정으로 원하지 않는다는 뜻과 같다.

우리는 천국에서 지구별로 소풍을 온 영혼이다.
천국은 원하는 것에 대해 생각을 하는 순간
그것이 눈앞에 나타난다. 모든 것이 가능하다.
조금도 힘들이지 않고 원하는 것을 가질 수 있다.

지금 삶이 불만족스럽다면
삶을 바꾸기 위해 노력해야 한다.
그냥 노력이 아닌 목숨을 건 노력을 해야 한다.

내면세계가 달라지지 않은 상태에서 하는 노력은
물거품이다.
시간과 돈, 에너지 낭비이다.
밑 빠진 독에 이 3가지를 넣어봤자 채워지지 않는다.
그 시간에 차라리 두 다리 뻗고 잠이나 자는 것이
더 생산적이다.

우주는 좋고 나쁨을 판단하지 않는다.
다만 우리의 느낌과 감정, 생각과 상상에 맞는 것들을
끌어다 줄 뿐이다.
따라서 원하는 것들만 상상해야 한다.
우주는 우리가 명령을 내리길 기다리고 있다.

의식의 수준이 낮은 사람들에게
세상은 지옥처럼 비춰질 것이고,
의식이 높은 사람들의 눈에는
모든 것이 기회로 보일 것이다.
자신이 바라는 것을 받아들이고 볼 수 있는
영적인 눈을 가진 자가 되어야 한다.

242

오늘부터 돈을 사랑하겠다고 마음먹어보자.
풍요로운 마음이 올라온다.
떠오른 아이디어도 돈이 된다. 기회가 된다.

대부분의 사람은 잃는 것을 두려워한다.

두려워하다 보면 평생 누려보지도 못한다.

이 글을 읽고 있는 독자라면 가슴이 뛸 것이다.

가슴이 시키는 것이 정답이다.

송충이라고 평생 솔잎만 먹으라는 법은 없다.
송충이가 번데기가 되고 나비로 거듭나면
꽃의 꿀과 이슬을 먹으며 살 수 있듯이
우리의 운명은 정해져 있지 않다.

- 김도사의 『기적수업』 중에서 -

나는 좋은 글을 읽고
따라 쓰고 상상하면서
값진 것을 얻을 수 있었다.
내가 상상하는 것들은
무조건 현실이 된다는
단단한 믿음을 가지게 된 것이다.

김도사의 『하루 10분 글쓰기의 힘』 중에서

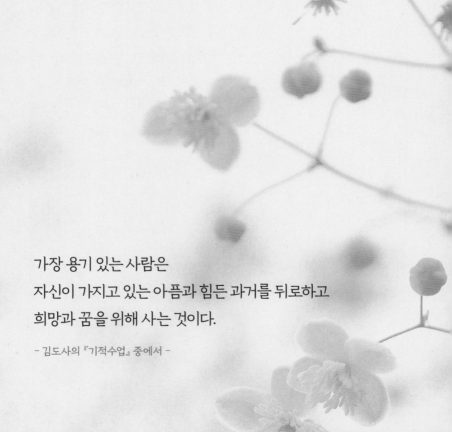

가장 용기 있는 사람은
자신이 가지고 있는 아픔과 힘든 과거를 뒤로하고
희망과 꿈을 위해 사는 것이다.

- 김도사의 『기적수업』 중에서 -

그대가 앞으로 어떤 모습으로 살아갈지는
'생각'과 '행동'에 달려 있다.
지금 당장 생각과 행동을 바꾼다면
미래 역시 달라지게 된다.

- 김도사의 『의식수업』 중에서 -

그대는 매 순간 창조하는 과정에 있다.
1분, 1초 전의 삶과 1분, 1초 후의 삶이 다른 이유다.

- 김도사의 『의식수업』 중에서 -

나는 당신이 어둡다고 생각하는 현실의 투쟁에서
이기는 청춘이 되기를 바란다.

- 권마담의 『나는 워킹홀리데이로 인생의 모든 것을 배웠다』 중에서 -